TINY APARTMENTS
for singles

TINY APARTMENTS
for singles

monsa

TINY
APARTMENTS
for singles

Copyright © 2014 INSTITUTO MONSA DE EDICIONES

Editor, concept and project director
Josep Maria Minguet

Project's selection. design and layout
Santi Triviño
Equipo editorial Monsa

© INSTITUTO MONSA DE EDICIONES, S.A.
Gravina 43 (08930)
Sant Adrià de Besòs
Barcelona
Tel (34) 93 381 00 50
Fax (34) 93 381 00 93
monsa@monsa.com
www.monsa.com

Visit our official online store!
www.monsashop.com

Follow us on facebook!
www.facebook.com/monsashop

ISBN: 978-84-15829-39-3

Printed in China

Respect copyright, encourage creativity!

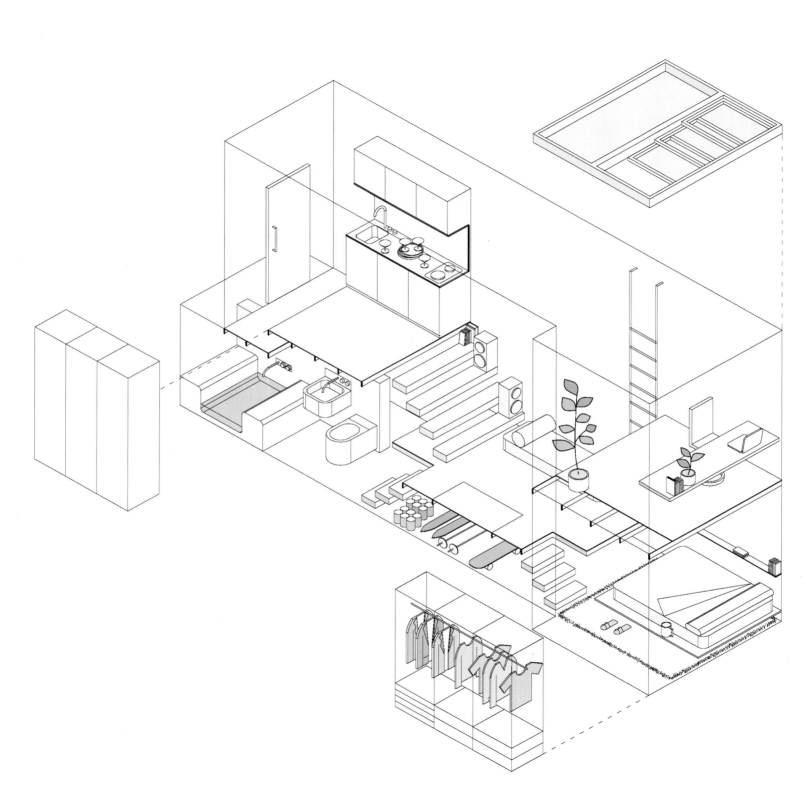

Introduction

Space is always one of the priorities for everyone who buys or rents a new house. We all want more meters and it is never enough. For that reason, when small apartments for single people are mentioned, generally we think about apartments that have two reduced sized bedrooms as a maximum. This is one of the options, it is true... but generally, they are also known as studios, for people with simple financial means, or even those who wish or must reside in the large city centers as New York, Barcelona or Paris and, which the lack of space and over-demand forces the division of great residences into mini-apartments.

These are very small apartment projects that seek to save money in expensive rents and which facilitate the floating population access to a worthy dwelling. Normally, they are spaces that combine a living room, bedroom and kitchen in a same room, making fundamental the saving and use of space.

We presented apartments from sixteen to a maximum of forty square meters, all of them inhabited, and which did not lack anything and provided different types of solutions. The most common ones were painted in clear and luminous colors, multifunctional and minimalist property, concealed or semi-concealed storage areas, spacious floors to achieve mobility, etc.

El espacio siempre es una de las prioridades de todos los que compran o alquilan una casa nueva. Todos queremos más metros y nunca nos basta, por eso cuando nos hablan de apartamentos pequeños para solteros, la mayor parte de las ocasiones pensamos en viviendas de como máximo dos habitaciones de tamaño reducido. Esta es una de las opciones, es cierto... pero por lo general, son también conocidos como estudios, para gente con escaso poder adquisitivo, o incluso aquellos que desean o deben residir en el centro de las grandes ciudades como Nueva York, Barcelona o París y la falta de espacio y sobredemanda obliga a dividir grandes residencias en mini apartamentos. Son nuevos proyectos de vivienda mucho más pequeña que buscan ahorrar dinero en alquileres costosos y que facilitan el acceso de la población flotante a una vivienda digna. Normalmente son espacios que combinan sala de estar, dormitorio y cocina en una misma habitación, haciendo fundamental el aprovechamiento y ahorro de los espacios.

Presentamos apartamentos desde dieciseis hasta no más de cuarenta metros cuadrados, todos ellos habitados, y en los que no falta de nada y que aportan diferentes tipos de soluciones, siendo las más habituales paredes pintadas en colores claros y luminosos, mobiliario multifuncional y minimalista, almacenamientos ocultos o semi-ocultos, suelos despejados para conseguir una mejor movilidad, etc....

Index

ULTRATINY APARTMENT

Julie Nabucet | Marc Baillargeon

PARIS, FRANCE

PHOTO © SYLVIE DURAND
WWW.JULIENABUCET.COM | MARCBAILLARGEON.NET

It was the bathroom of the master bedroom. The owners divided the apartment into two independent apartments, one of 120 m² and other of only 16 m² for their son, with an independent entrance from the base of old service door of the home.

The sofa converts into a bed, which is totally concealed underneath the kitchen to achieve the maximum space available as a living room and to allow the freedom of it to be used for meetings, celebrations or open the table to eat. All the corners have been exploited by optimizing to the maximum each square centimeter. The small support table fits as a bed headboard when the bed is opened. The humid areas of the kitchen and bathroom are in line to minimize the technical routes and prevent loss of movement space. The steps to access the kitchen floor hide the drawers to put away the clothes.

16 m²
172,224 ft²

Era el cuarto de baño de la habitación de matrimonio. Los proprietarios dividieron el apartamento en dos viviendas independientes, una de 120 m² y la otra de tan solo 16 m² para su hijo, con una entrada independiente desde el rellano, la antigua puerta del servicio del hogar.

El sofá se transforma en una cama, que se esconde totalmente debajo de la cocina, para conseguir el máximo de espacio libre como sala de estar y permitir usarlo con libertad para reuniones, fiestas o para abrir la mesa para comer. Se han aprovechado todos los rincones optimizando al máximo cada centimetro cuadrado. La mesita de apoyo de la sala se encaja como cabecero de cama cuando ésta se abre. Las zonas húmedas de cocina y aseo están en línea para minimizar los pasajes técnicos y no perder espacio de circulación. Los escalones para acceder al tarimado de la cocina, esconden cajones para guardar la ropa.

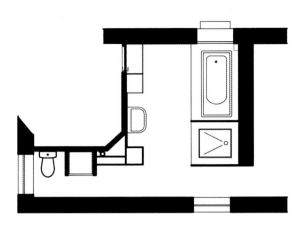

Floor plan before renovation

Planta antes de la renovación

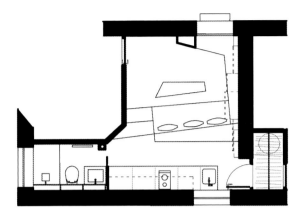

Floor plan after renovation

Planta después de la renovación

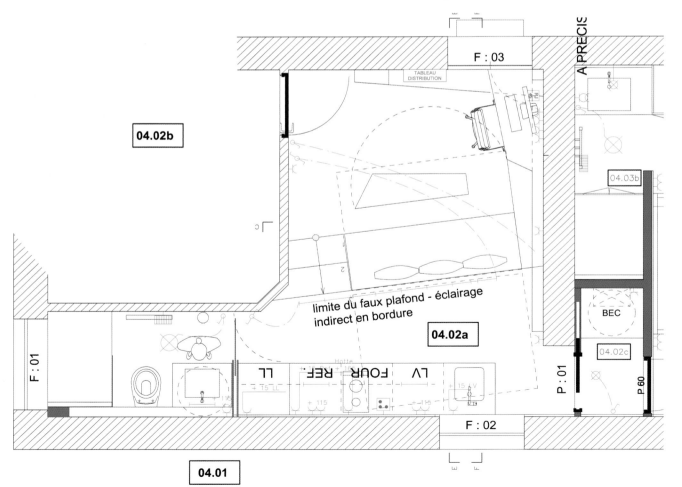

limite du faux plafond - éclairage
indirect en bordure

04.02b

04.02a

04.03b

BEC

04.02c

F : 03

TABLEAU
DISTRIBUTION

A PRECIS

F : 01

LL

FOUR REF

LV

Hotte

P : 01

P 60

F : 02

04.01

CASA ALMIRANTE

mycc_ Oficina de Arquitectura

MADRID, SPAIN

PHOTO © ELENA ALMAGRO (WWW.ELENAALMAGRO.COM)

WWW.MYCC.ES

This singular urban refuge has a surface of only twenty square meters and a volume of one hundred cubic meters. A single person who works in and inhabits this very limited space will use its dynamics and creativity to own the space in different situations.

The project is a longitudinal section. The height of the space has been used to be able to contain a huge number of rooms that on the one hand are limited, but at the same time, visually related to each other. Even the bathroom is visible… The necessity to accommodate the whole program, each one with its characteristics and specific proportions, offer an image that reminisces over old computer platform games.

20 m²
215,28 ft²

Este singular refugio urbano tiene una superficie de tan solo veinte metros cuadrados y un volumen de cien metros cúbicos. En tan acotado lugar se aloja y trabaja una única persona que utilizará su dinamismo y creatividad para apropiarse del espacio en las distintas situaciones.

El proyecto es una sección longitudinal. La altura del espacio se ha utilizado para poder contener un gran número de estancias que por un lado están limitadas pero a su vez todas están conectadas visualmente entre sí. Incluso el baño esta a la vista… La necesidad de alojar todo el programa, cada uno con sus características y proporciones específicas, ofrece una imagen que recuerda a los antiguos juegos de plataformas para ordenador.

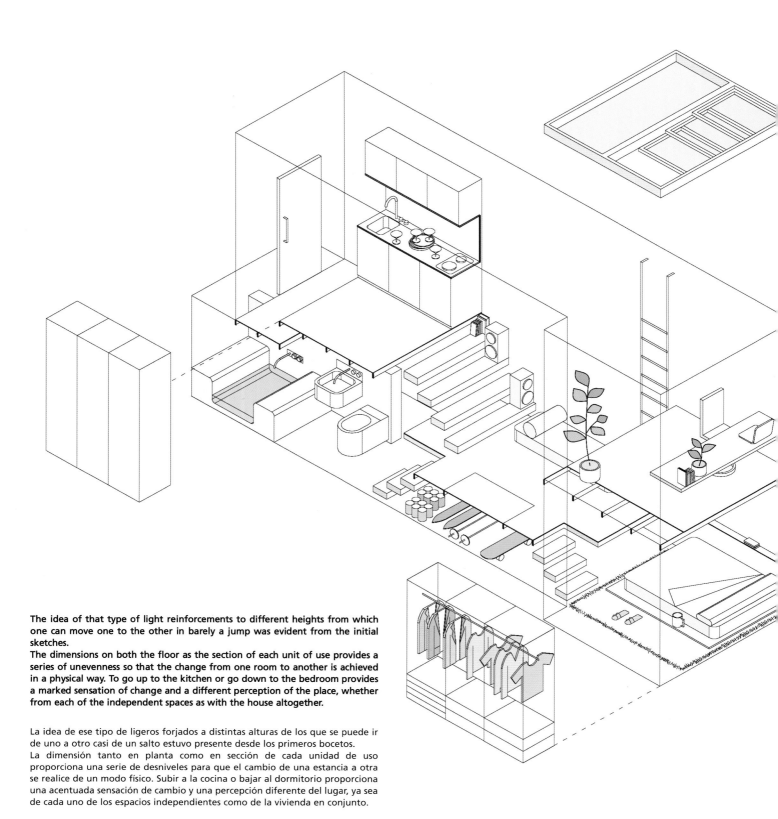

The idea of that type of light reinforcements to different heights from which one can move one to the other in barely a jump was evident from the initial sketches.

The dimensions on both the floor as the section of each unit of use provides a series of unevenness so that the change from one room to another is achieved in a physical way. To go up to the kitchen or go down to the bedroom provides a marked sensation of change and a different perception of the place, whether from each of the independent spaces as with the house altogether.

La idea de ese tipo de ligeros forjados a distintas alturas de los que se puede ir de uno a otro casi de un salto estuvo presente desde los primeros bocetos.

La dimensión tanto en planta como en sección de cada unidad de uso proporciona una serie de desniveles para que el cambio de una estancia a otra se realice de un modo físico. Subir a la cocina o bajar al dormitorio proporciona una acentuada sensación de cambio y una percepción diferente del lugar, ya sea de cada uno de los espacios independientes como de la vivienda en conjunto.

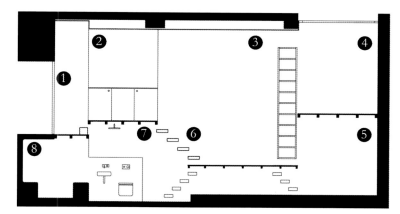

1. Access high	1. Entrada
2. Walk through kitchen	2. Paso a través de la cocina
3. Kind of living	3. Sala de estar
4. Light chill out	4. Chill out
5. Office bedroom	5. Oficina y dormitorio
6. Contemplative stands	6. Gradas contemplativas
7. XL bathroom	7. Baño XL
8. Hammann	8. Hammann

The house, in spite of its dimensions, seeks to be generous in its spaces and the number of rooms it offers. None of the pieces that comprise it has a totally defined use: the kitchen is an access towards the room, which provides a descent in grade that simultaneously is a base. The room is located in the storage area with technical flooring. The bedroom accessed from the room, and the sunny inner terrace by the industrial stairs, which, can function as a study or "chill-out" area. Some small steps lead to the large dimensional bathroom and with the luxury of a cozy bathtub made in situ.

The construction and finishes have been made simply and directly and white dominates the whole space.

La vivienda, pese a sus dimensiones, busca ser generosa en sus espacios y en la cantidad de estancias que ofrece. Ninguna de las piezas que lo compone tiene un uso totalmente definido: la cocina es un paso hacia el salón, que proporciona un descenso en grada que a la vez es asiento. El salón se sitúa sobre el almacén y el suelo es registrable. Desde el espacio central que es el salón, se accede al dormitorio, a la soleada terraza interior mediante una escalera industrial, que puede funcionar como estudio o chillout, y unos pequeños escalones dirigen al baño, sobredimensionado y con el lujo de una acogedora bañera realizada in situ. Construcción y acabados han sido realizados de modo sencillo y directo y el blanco ocupa todo el espacio.

TAMKA APARTMENT

Jakub Szczęsny

WARSAW, POLAND

PHOTO © RADOSŁAW WOJNAR
WWW.CENTRALA.NET.PL

Even thought this minuscule pied-a-terre might seem unlivable, it's prime location (just 300m from new bridge over Vistula and overlooking the Royal Castle) and spatial disposition made this 21,5 m² apartment an ideal spot for a divorced man in his mid-thirties. He uses it 3-4 times a week as a place to meet his son and occasionally to spend weekends.

The design's goal was to take a profit of two windows (regarded as a luxury in such a small unit) by the smaller one as a pretext for creating a semi-separated, east-oriented alcove in place of the previous bathroom. The alcove is elevated above apartment's surface of some 110 cm to provide space unbeneath for a washing mashine extra storage room. Being placed in front of the entrance door, the small window makes a visual axis leading from entrance space, through a bathroom to the alcove.

The bathroom was supposed to be separated from the alcove by use of a fixed translucent barrier, but since the empty opening is used by owner's son as a way to run around the bath/kitchen unit, it will be filled with an openable window. The scarcity of space forced the decision of placing the shower directly in the hallway.

21,5 m²
231,426 ft²

A pesar de que parece que en esta minúscula segunda vivienda no se puede vivir, su excelente ubicación, solo a 300 metros del nuevo puente sobre el río Vístula y con vistas al Castillo Real, y su disposición espacial convierten a este apartamento de 21,5 m² en el lugar ideal para un hombre de unos treinta y cinco años divorciado, que lo utiliza unas tres o cuatro veces a la semana para quedar con su hijo y, ocasionalmente, los fines de semana.

El objetivo del diseño era sacar provecho de las dos ventanas, consideradas un lujo en un espacio tan pequeño. La más pequeña se utilizó como pretexto para crear una alcoba un poco separada y orientada hacia el este en lugar de un cuarto de baño. La alcoba está elevada unos 110 cm por encima de la superficie del apartamento para dar cabida a una lavadora debajo. Situada en frente de la puerta de la entrada, la ventana pequeña sirve de eje visual desde la zona de la entrada, cruzando el cuarto de baño hasta el dormitorio. En un principio, el baño tenía que estar separado de la alcoba por una barrera fija traslúcida, pero como el hijo del propietario utiliza el vano vacío para corretear por la zona del baño y la cocina, se instalará una ventana que se pueda abrir. La escasez de espacio obligó a tomar la decisión de colocar la ducha directamente en el recibidor.

The bigger widndow giving to Warsaw's Old Town is bound-up with the living space of some 14 m². Due to space limitations there is no fixed eating space, instead, the kitchenette is equipped with a door that partially swivels to become a table for four people. In other occasions, with the table closed, the door serves as visual partition covering the alcove.

La ventana más grande que da al casco antiguo de Varsovia conecta con el área habitable de unos 14 m². Debido a las limitaciones de espacio, no hay una zona fija para comer. En cambio, la pequeña cocina viene equipada con una puerta parcialmente giratoria que se convierte en una mesa para cuatro personas. Otras veces, con la mesa cerrada, la puerta sirve como partición visual que oculta el dormitorio.

Given the limited budget (around 6000 Euro with equipment included) and required short realization period the materials used are very simple, such as oil-painted plywood, gypsum-board panels and oil-based paint in the shower. The same vivid green paint was used on the alcove platform, as on the entire apartment's floor (Flugger's oil paint for floors).

Dado el presupuesto limitado, cerca de 6000 euros con el mobiliario incluido, y el poco tiempo de realización disponible, se han empleado materiales muy simples, como madera contrachapada pintada al óleo, paneles de cartón yeso y pintura oleosa para la ducha. El mismo verde intenso de la plataforma del dormitorio se utilizó para todo el suelo del apartamento (pintura oleosa Flügger para el suelo).

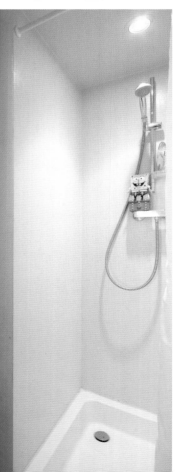

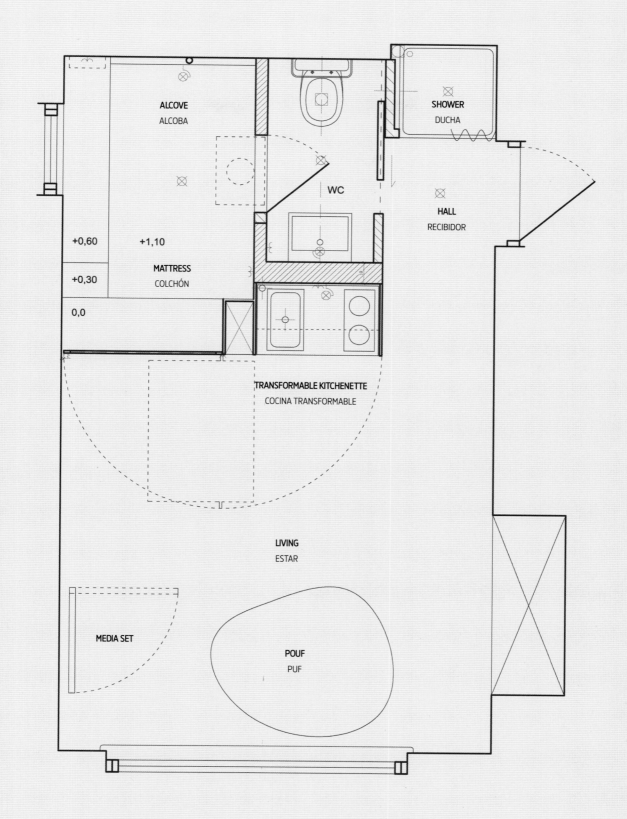

ALCOVE
ALCOBA

SHOWER
DUCHA

WC

HALL
RECIBIDOR

+0,60   +1,10

+0,30

MATTRESS
COLCHÓN

0,0

TRANSFORMABLE KITCHENETTE
COCINA TRANSFORMABLE

LIVING
ESTAR

MEDIA SET

POUF
PUF

SANTA CATERINA

Lois Loeda

BARCELONA, SPAIN

PHOTO © LOIS LOEDA
WWW.LOISLOEDA.COM

It is the last floor of a property at the center of Barcelona at 30 m from Mercat de Sta Caterina. It is an apartment in which the fundamental value is three windows with light penetrating from the Northeast and Southeast. The renovation was based on a study of the different functions a dwelling accommodates and the attempt to fit them on a surface of 24 m² where each one is defined and represented by its own vital space without any of them interfering with the other. In this manner, an independent, integrated kitchen was fitted and complete with a dishwasher, freezer, washer-dryer, microwave oven; stovetop, pantry and drawers.

24 m²
258,336 ft²

Ultima planta de una finca en el centro de Barcelona a 30 m del Mercat de Sta. Caterina. Apartamento donde el valor fundamental son las tres ventanas con la luz noreste y sureste que entra a través de ellas. La reforma se basó en un estudio de las diferentes funciones que alberga una vivienda y poder encajarlas en una superficie de 24 m² dónde cada una de ellas se defina y se represente con su propio espacio vital sin que ninguna de ellas interfiera en la otra. De esta manera se encajó una cocina integrada, independiente y completa con fregaplatos, lavavajillas, nevera, congelador, escobero, lavadora-secadora, horno-microondas, vitrocerámica, despensa y cajones.

A closed bathroom next to the kitchen with a 90x70 shower, sink and toilet, a dining room for four people independently connected to the kitchen and in direct contact with the most important window of the apartment, a living room with a library that visually connects to the dining room and the kitchen. The room with library can also be interpreted as a spatial extension of the dining room or as an independent piece. A dressing room closed to the dining room keeps its privacy via a strategic partition and is becomes camouflaged with the living room. The function study is completed with an attic over the dressing room where a 135x90 bed is located that is accessed through the stairs from the living room.

Un baño cerrado al lado de la cocina con ducha de 90x70, lavamanos e inodoro, un comedor para cuatro personas independiente vinculado a la cocina y en contacto directo con la ventana más importante del apartamento, un sala de estar con biblioteca que visualmente enlaza con el comedor y la cocina. La sala con biblioteca se puede leer como prolongación espacial del comedor o también como pieza independiente. Un vestidor cerrado al comedor por un tabique estratégico coge su propia intimidad y queda mimetizado con la sala de estar. El estudio de funciones se completa con un altillo encima del vestidor dónde se ubica una cama de 135x90 que se accede a través de una escalera desde la sala.

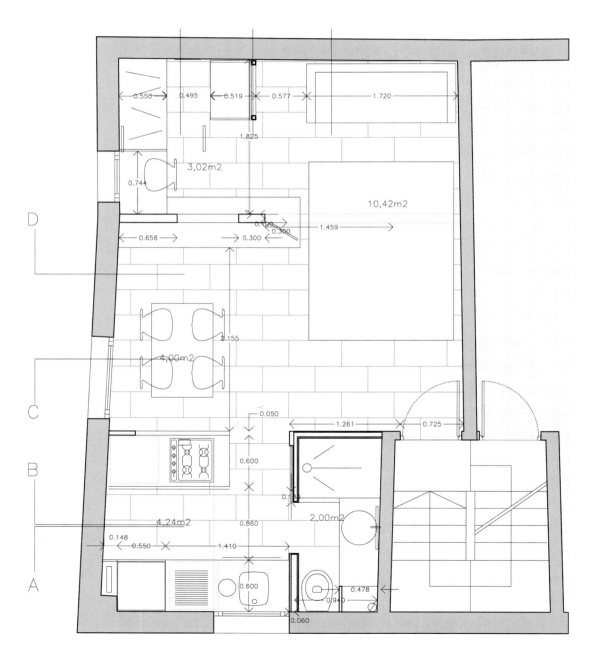

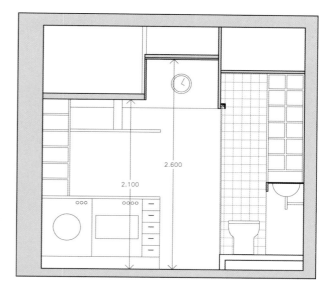

Kitchen and bathroom section

Sección de la cocina y aseo

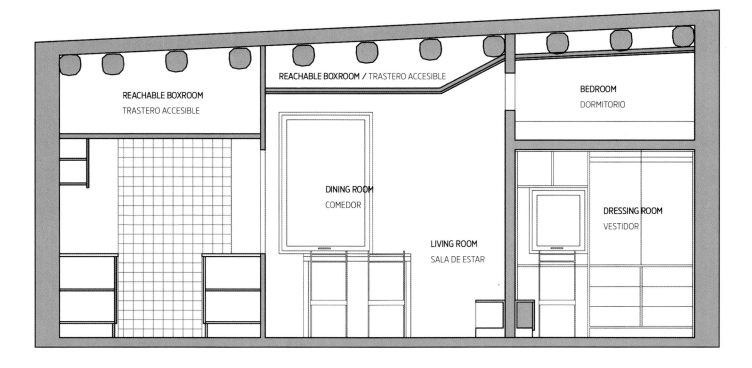

REACHABLE BOXROOM

TRASTERO ACCESIBLE

REACHABLE BOXROOM / TRASTERO ACCESIBLE

BEDROOM

DORMITORIO

DINING ROOM

COMEDOR

LIVING ROOM

SALA DE ESTAR

DRESSING ROOM

VESTIDOR

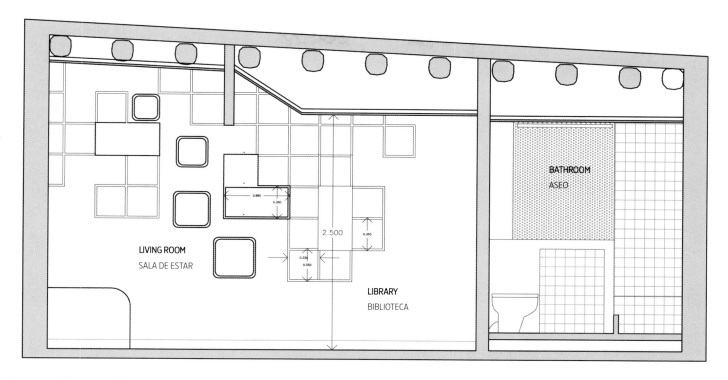

The availability of the different functions, the study of the minimum dimensions to fit the furniture and walk space, as well as its spatial design provides this 24m² apartment a very interesting, habitable analysis.

La disposición de las diferentes funciones, el estudio de las dimensiones mínimas para encajar el mobiliario y recorridos, así como su formalización espacial confieren a este apartamento de 24m² un análisis habitacional muy interesante.

REFUGIO DE MONTAÑA

Beriot, Bernardini Arquitectos

NAVACERRADA, SPAIN

PHOTO © YEN CHEN

WWW.BERIOTBERNARDINI.NET

The project attempts the renovation of a studio with 25m² of surface on the mountain port of Navacerrada, Madrid. The space of the house entirely clears up entirely except for a small nucleus for the bath area, inserting thereafter just two Oregon Pine wood boxes that groups and define the uses for the living and sleep area. The living area box modifies its geometry to frame the landscape of the mountain behind the large window; the other for the sleep area groups a double bed and another single superimposed bed, and can be closed up like a tent when the house has not been warmed up yet. The black linoleum floor emphasizes the presence of the boxes in the empty space, and a folding table against the sleep area box defines the dining room in the space between both. A long curtain hides a linear side space dedicated as kitchen and storage.

25 m²
269,1 ft²

El proyecto acomete la reforma de un estudio en el puerto de montaña de Navacerrada, Madrid, de 25m² de superficie.

El espacio de la vivienda se despeja por entero excepto por un pequeño núcleo de aseo, insertando luego únicamente dos cajas de madera de pino oregón que recogen y definen los usos de estar y dormir. La caja de estar modifica su geometría para enmarcar el paisaje de la montaña tras la gran ventana; la de dormir recoge una cama doble y otra sencilla superpuesta, y puede cerrarse como una tienda de campaña cuando aún no se ha calentado la vivienda. El suelo de linóleo negro resalta la presencia de las cajas en el espacio vacío, y una mesa abatible contra la caja de dormir define el comedor en el espacio entre ambas. Una larga cortina oculta una banda longitudinal dedicada a cocina y almacenamiento.

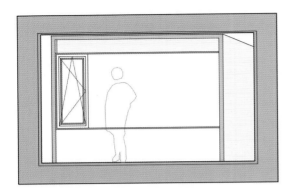

Cross section

Sección transversal

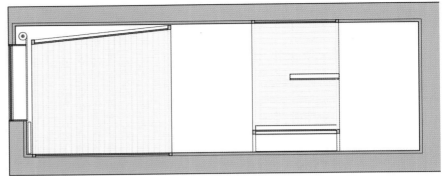

Longitudinal section

Sección longitudinal

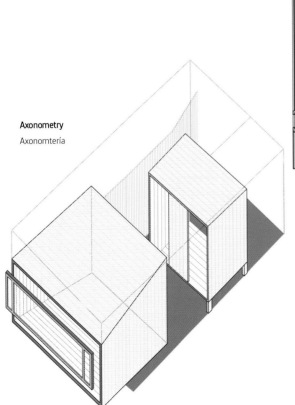

Axonometry

Axonomtería

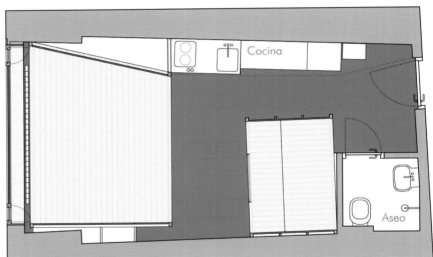

Cocina

Aseo

Floor plan

Planta

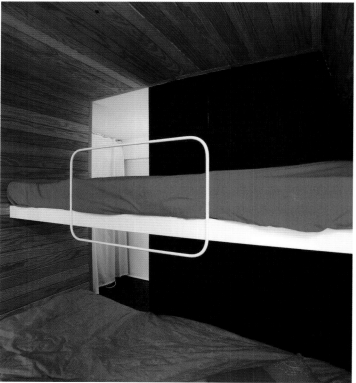

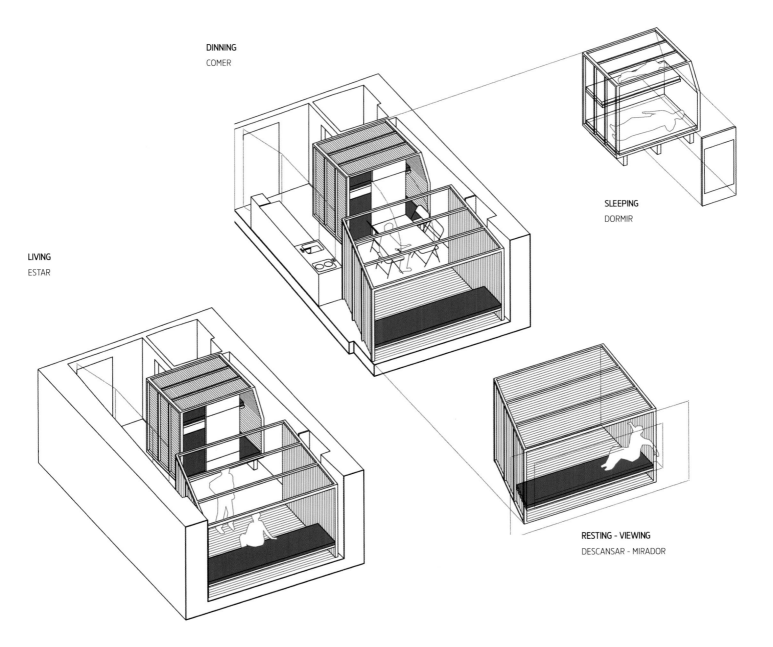

DINNING
COMER

SLEEPING
DORMIR

LIVING
ESTAR

RESTING - VIEWING
DESCANSAR - MIRADOR

NADODRZE APARTMENT

3xA

CRACOW, POLAND

PHOTO © 3xA
WWW.3xA.PL

29 sqm flat was a typical apartment of an elder woman who had lived there before, with walls painted in yellow, with an old-fashioned mix of furniture and wooden floor painted in dark brown. The main problem of the small space was the size of the living room as it was higher than wide. It could cause a feeling of claustrophobia. The historical tenement house is over 100 year old now. Unfortunately it was totally rebuilt inside in 70's of the 20th century. This rearrangement resulted in dividing two 80 sqm apartments on each floor level into smaller four flats. Mainly because of that refurbishment there were no historic elements inside the 29 sqm apartment.

It is the architect's private apartment where she actually live. Therefore she was the architect and the client at the same time. However the renovation project solutions included also the possibility of renting the flat to others in the near future.

29 m²
312,156 ft²

El piso de 29 m² era el típico apartamento de una mujer mayor que había vivido allí anteriormente, cuyas paredes estaban pintadas de amarillo y había una combinación de muebles y suelos de madera antiguos de color marrón oscuro. El principal problema del espacio pequeño era el tamaño de la sala de estar, que era más alta que ancha, y podía transmitir claustrofobia. Actualmente, el histórico bloque tiene más de cien años. Por desgracia, el interior se reconstruyó por completo en los años setenta y la nueva disposición dio como resultado la división de dos apartamentos de 80 m² en cada planta en cuatro pisos más pequeños. Quizás, a causa de la restauración, no había ningún elemento histórico dentro del apartamento de 29 m².

Se trata del domicilio privado de la arquitecta, donde, en realidad, vive. Por lo tanto, ella era la arquitecta y la cliente a la vez. Sin embargo, las opciones del proyecto de renovación también incluían la posibilidad de alquilar el piso a otras personas en un futuro próximo.

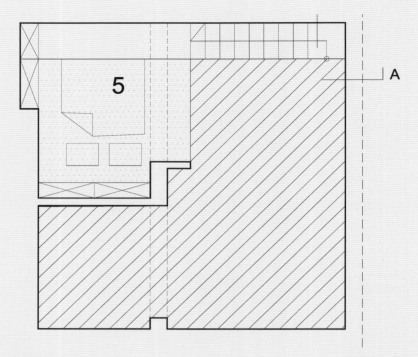

Floor plans

Plantas

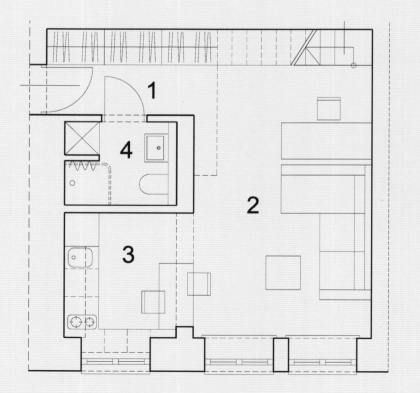

Section

Sección

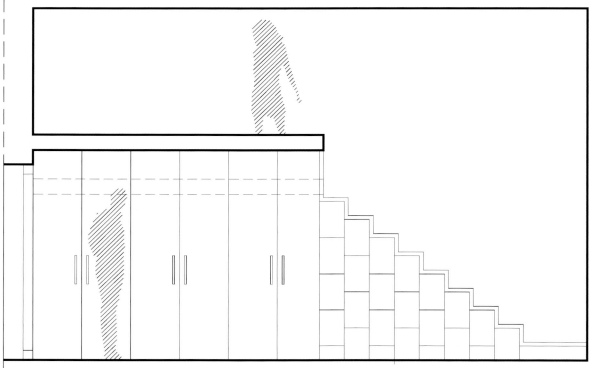

The apartment is quite small so they mostly tried to use bright and light materials. The choice was also dictated by the available budget. For example the OSB board (which is often particularly applied in load-bearing constructions) as a finishing material and what is worth noting it is considered as relatively cheap. The essence of the 29 sqm concept was to create a contemporary apartment and restore its historic character at the same time. When 3XA started project works there were no ceiling moldings at all, so it was restored by them. The single -room flat will always give you a problem of mixing the major space functions – living area and a bedroom space. For this reason it was a very difficult space to arrange and live in. They wanted to make the flat similar to the house in the meaning of creating the separated spaces for the day and night activities, creating more open space simultaneously. Similar to a house the apartment has the bedroom on the upper level and the remaining space on the ground floor.

The project of 29 sqm was a very mathematical one where we had to 'fight' for every single centimeter of the space and height. It was very interesting to create a concept and construction of the mezzanine aligning with a bathroom, corridor and wardrobe below.

El apartamento es bastante pequeño, así que intentaron utilizar principalmente materiales luminosos y claros. Esta elección también estaba dictaminada por el presupuesto disponible. Por ejemplo, el tablero OSB, a menudo empleado especialmente en construcciones de carga, se empleó como material de acabado y lo importante es que es relativamente barato. La esencia del concepto era crear un apartamento contemporáneo y, a la vez, restaurar su carácter histórico. Cuando 3XA empezó las obras, no habían molduras en el techo, así que las restauraron parcialmente. Un piso de una habitación siempre dará problemas a la hora de combinar las funciones de los espacios principales: sala de estar y dormitorio. Por este motivo, era un espacio muy complicado de adaptarlo para vivir. Se quería hacer que el piso se pareciera a una casa en el sentido de crear espacios separados para las actividades diarias y nocturnas, y crear un espacio más abierto simultáneamente. El apartamento tiene el dormitorio en el altillo y los espacios restantes a nivel de planta.

El proyecto fue muy matemático y se tuvo que «pelear» por cada centímetro de espacio y altura. Fue muy interesante crear el concepto y construir el entresuelo alineando el cuarto de baño, el pasillo y el armario ropero abajo.

Since the construction elements had been throughly examined and surveyed before the actual works started there were no major surprises. She only recalls one time when they uncovered the brick wall and it wasn't exactly that nice as they wished it would be as the bricks were partly crushed. They managed though to hide it by painting them in white.

For sure the biggest challenge of the 29 sqm project was the mezzanine concept. They struggled to find the best option for this particular space which choice in the end occurred to be very successful. In their opinion they managed to combine the old historical atmosphere of the tenement house with the contemporary design without damage to the first one.

Como los elementos de la construcción se habían examinado y estudiado meticulosamente antes de que las obras empezaran, no hubo ninguna sorpresa importante. Únicamente, la arquitecta recuerda cuando descubrieron la pared de ladrillo y resultó no ser tan bonita como esperaban, ya que los ladrillos estaban en parte rotos. No obstante, se las arreglaron para disimularlo pintándolos de blanco.

Seguramente, el mayor desafío del proyecto del apartamento fue el concepto del entresuelo. Les costó trabajo encontrar la mejor opción para este espacio en particular pero, finalmente, lo consiguieron. En su opinión, lograron combinar el diseño moderno con la atmósfera histórica del bloque sin que esta saliera perjudicada.

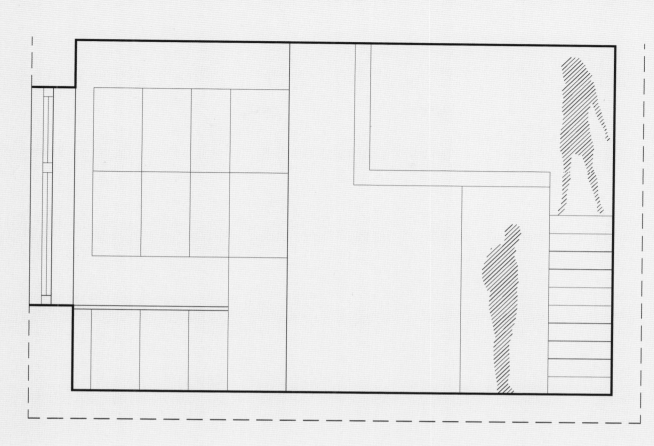

CASA ROC

Nook Architects

BARCELONA, SPAIN

PHOTO © NIEVE | PRODUCTORA AUDIOVISUAL
WWW.NOOKARCHITECTS.COM

Located in the historical Gothic district of Barcelona, the dwelling was in a deplorable state; different historical times materialized with very low constructive quality were superimposed, except the original construction of the building. Its distribution was the product of a time in which the daily customs coexisted in much more compartmentalized spaces, creating small dark rooms without ventilation or illumination.

From the beginning it was clearly known that the space needed to be aired out, especially due to its limited dimension, but the existence of a load wall separating the house exactly in half made the architects think about how to achieve a sensation of continuous space and simultaneously integrate that rigid input in the project.

35 m² 376,74 ft²

Situada en el barrio histórico del Gótico de Barcelona, la vivienda se hallaba en un estado lamentable; se superponían diferentes épocas históricas materializadas con muy baja calidad constructiva, excepto la original del edificio. Su distribución era fruto de un tiempo en el que las costumbres cotidianas convivían en espacios mucho más compartimentados, generando pequeñas estancias oscuras sin ventilación ni iluminación.

Desde el principio se tuvo claro que había que oxigenar el espacio, sobretodo por su limitada dimensión, pero la existencia de un muro de carga partiendo la vivienda justo por su mitad hizo reflexionar a los arquitectos sobre cómo conseguir una sensación de espacio continuo y a la vez integrar ese rígido input en el proyecto.

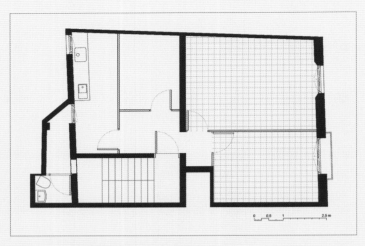

Ground floor plan before rehabilitation

Planta antes de la rehabilitación

Ground floor plan after rehabilitation

Planta después de la rehabilitación

From there, the concept of a moist box surrounding and integrating the load wall and dividing the house emerged, in a sense of day area, night area, and in another, a "restored" area and a new construction area. The most intermediate position was strengthened, therefore the least luminous, so that the bath as well as the kitchen are dark hollow spaces similar to the closets, which are opened in a very neutral and luminous white volume that contains both.

On the side of wall towards the exterior facade, the kitchen is supported which opens to the day area, with hydraulic recovered mosaic floors , adjusted beams and left visible, and the facade holes with its original but adapted carpentries by the replacement of its windows to the comfort currently expected.

On the side of the wall towards the interior of the center, really battered, the use of a more contemporary and warm language was chosen. The bathroom facing the bedroom is supported on it. Opening the holes of the interior facade achieved more lighting, the carpentries were replaced by some wood and the gallery space was restored, covered in patches, as an exterior balcony.

De ahí surgió el concepto de caja húmeda envolviendo e integrando la pared de carga y zonificando la vivienda, en un sentido en zona día y zona noche, y en otro en zona "recuperada" y zona de nueva construcción. Se potenció su posición más intermedia en el espacio, por tanto menos luminosa, de modo que tanto el baño como la cocina son huecos oscuros como armarios, que se abren en un volumen blanco muy neutro y luminoso que los contiene a ambos.

En el lado de muro hacia la fachada exterior se apoya la cocina que se abre a la zona de día, con suelos de mosaico hidráulico recuperados, vigas saneadas y dejadas vistas y los huecos de fachada con sus carpinterías originales pero adaptados mediante la sustitución de sus vidrios al confort exigido actualmente.

En el lado del muro hacia el interior de manzana, mucho más maltrecho, se optó por utilizar un lenguaje más contem-poráneo y cálido. En él se apoya el baño orientado al dormitorio. Abriendo los huechos de fachada interior se consiguió mayor iluminación, se sustituyeron las carpinterias por unas de madera y se recuperó el espacio de galeria, cubierto a parches, como un balcón exterior.

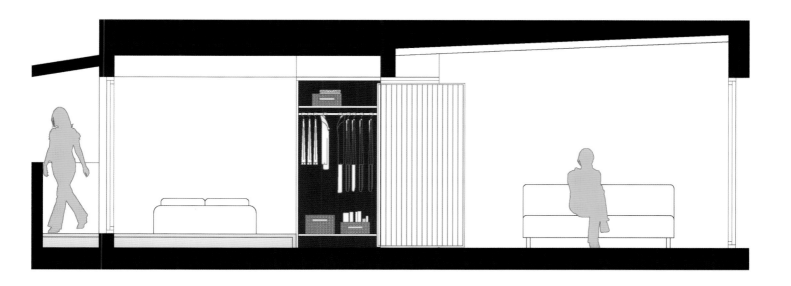

Entrance hall and bedroom elevations

Alzados del recibidor y del dormitorio

0   0.5   1   2.5

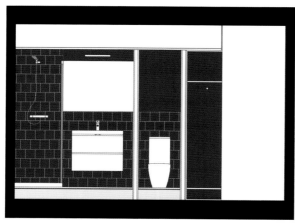

Bathroom elevation

Alzado del baño

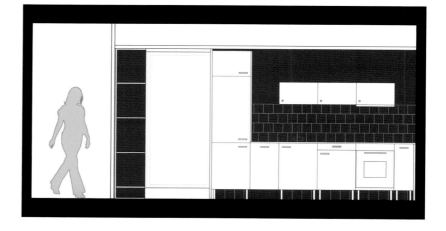

Kitchen elevation

Alzado de la cocina

0   0.5   1   2.5

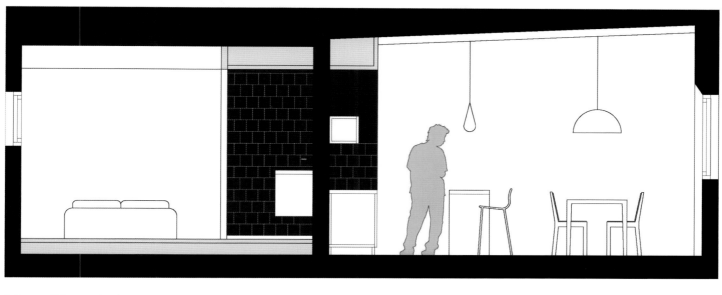

Bedroom and living room elevations

Alzados del dormitorio y sala de estar

Another situation that conditioned the project from the beginning was the nonexistence of bathrooms inside the house. The only point of water-drainage was in the gallery, with a bathroom area added after the fact at that end of the dwelling. In order to be able to incorporate that function inside the dwelling, not only was the bathroom areas elevated, but rather the whole night area. This is how we emphasized this difference of intervention and dividing as well as with the height.

The small budget to undertake the renovation forced the resignation of nonessential items in a single user dwelling. For that reason the sliding door of the bedroom was named as "3 in 1": it is possible to close or open the bedroom, or the bath or the space of the bathroom area.

Otra sircunstancia que condicionó el proyecto desde el principio fue la inexistencia de intalaciones de saneamiento en el interior de la vivienda. El único punto de desagüe se hallaba en la galería, con un pequeño aseo añadido a posteriori en ese extremo de la vivienda. Para poder incorporar esa función en el interior de la vivienda se elevó no sólo la zona del baño, sino toda la zona de noche. Así enfatizamos esta diferencia de intervención y zonificación también con las alturas.

El escaso presupuesto para llevar a cabo la reforma obligó a renunciar a aquello que no era esencial en una vivienda de un solo usuario. Por eso la puerta corredera del dormitorio se bautizó como "3 en 1": con ella se puede cerrar o bien el dormitorio, o bien el baño o bien el recinto del inodoro.

AP 1211

Alan Chu

São Paulo, Brazil

Photo © Djan Chu
www.chu.arq.br

The idea is to use a single element to organize the space of the small apartment with an area of 36 sqm, distributed in two floors.

The crates built with autoclaved pinewood and colorful interiors serve well for this purpose and arranged in a seemingly random way bring to the environment a youthful and unpretentious atmosphere. The crates have several functions: in the pantry, kitchen, living room and one of them, suspended in space, camouflages the existing structure of the mezzanine and receives the metal ladder in its dark and cylindrical interior, creating the transition between floors. The apartment is the temporary residence of a recently divorced young businessman and the decor plays with the transience of the moment: a time of changes, improvisation and reorganization.

36m²
387,504 ft²

La idea es utilizar un solo elemento para organizar el espacio del pequeño apartamento de 36 m² distribuidos en dos plantas.

Los cajones de embalaje construidos con madera de pino tratada en autoclave y los interiores coloridos cumplen con el propósito y su disposición aparentemente aleatoria crea un ambiente juvenil y modesto. Los cajones de embalaje tienen diversas funciones: utilizados en la despensa, la cocina, la sala de estar y, uno de ellos, suspendido en el espacio, camuflan la estructura existente del entresuelo y acogen la escalera metálica con su interior oscuro y cilíndrico, lo cual crea una transición entre las dos plantas. El apartamento es la residencia provisional de un joven hombre de negocios recién divorciado y la decoración juega con la transitoriedad del momento: época de cambios, improvisación y reorganización.

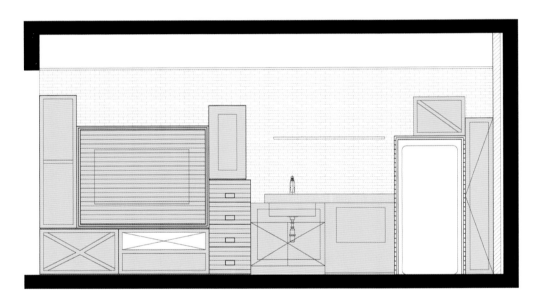

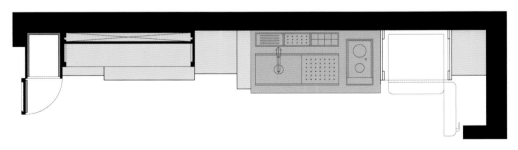

Main room's section and plan

Sección y planta de la habitación principal

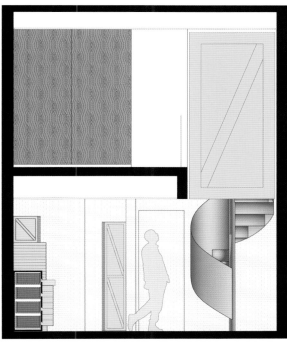

Section

Sección

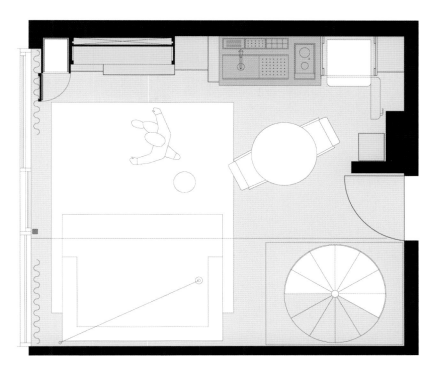

Ground floor plan

Planta baja

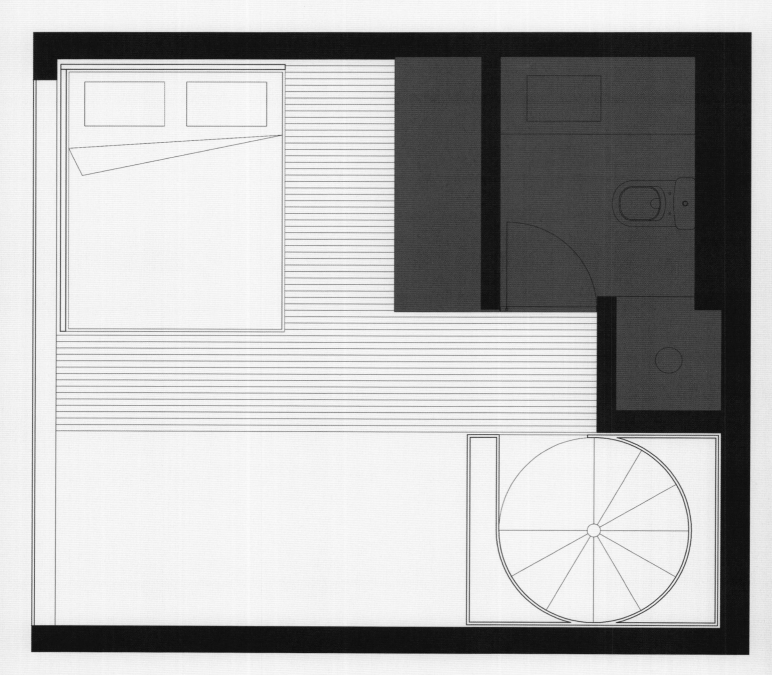

Mezzanine floor plan

Planta del altillo

THE WHITE RETREAT

Colombo and Serboli Architecture

SITGES, SPAIN

PHOTO © ROBERTO RUIZ (WWW.ROBERTORUIZ.EU)
WWW.COLOMBOSERBOLI.COM

The renovation of this 36 square meters apartment came with a defined brief. The client, a French Art historian and curator, professor at the Sorbonne University, came to the architects with very clear ideas for his small property. The apartment, located in the city centre of the coast town of Sitges (a few steps from the beach) is completely introverted, facing only an interior courtyard. The lack of views is compensated by silence and light. The client envisioned a peaceful, open and essential space, furnished with a few carefully selected objects; contemporary artworks, some books, and his records. In sum, a peaceful place for introspection, flooded with light. An extremely reduced budget asked for simple, inexpensive solutions. The space is conceived through three different blocks: the bathroom/kitchen block, the living/bedroom one and the third, external, the terrace.

36m²
387,504 ft²

La renovación de este apartamento de 36 m² vino con unas instrucciones bien definidas. El cliente, un historiador y conservador de arte francés que da clases en la universidad de La Sorbona, acudió a los arquitectos con las ideas muy claras sobre su pequeña propiedad. Ubicado en el centro de la ciudad costera de Sitges, a un paso de la playa, el apartamento es totalmente interior y solo da a un patio de luces. El hecho de no tener vistas se ve compensado por el silencio y la luz. El cliente tenía pensado un espacio tranquilo, abierto y básico, amueblado con unos cuantos objetos escogidos minuciosamente: obras de arte contemporáneas, algunos libros y sus discos. En resumen, se trata de un lugar lleno de luz y apacible para la introspección. El presupuesto sumamente reducido pedía soluciones simples y económicas. El espacio se ha concebido en tres bloques distintos: el bloque de la cocina y el cuarto de baño, el de la sala de estar/dormitorio y el tercero es el de la terraza exterior.

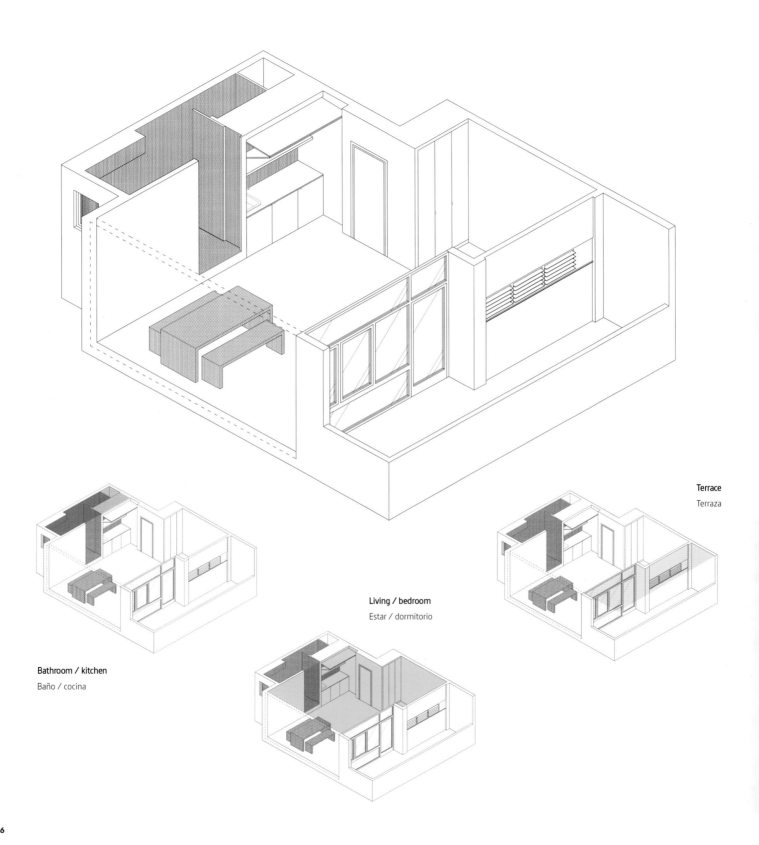

Terrace
Terraza

Living / bedroom
Estar / dormitorio

Bathroom / kitchen
Baño / cocina

The last two are extremely permeable, only divided by a large window and a long, oversized louvers one on the bedroom side, both existing elements that were preserved. The big opening connects a small terrace (11 square meters), unified with the interiors through the use of the continuous white resin flooring and a blank parasol that provides privacy while diffusing the daylight. Indoor and outdoor are therefore connected as a continuous living space. The Quaderna table (Superstudio 1970), a piece our client desired to incorporate since the project started, inspired the tiles that clad bathroom/kitchen block.

Los dos últimos bloques son muy permeables y solo están separados por un ventanal y unas persianas de gran tamaño situadas en la parte del dormitorio. Ambos elementos ya se encontraban en el apartamento y se decidió conservarlos. El gran vano conecta con una pequeña terraza de 11 m², que se unifica con el interior gracias al suelo de resina blanca y a un parasol del mismo color que proporciona privacidad a la vez que difumina la luz del sol. Por tanto, el interior y el exterior están conectados y forman un área habitable ininterrumpida. La mesa Quaderna (Superstudio, 1970), un mueble que nuestro cliente quiso incorporar desde el inicio del proyecto, inspiró los azulejos que revisten el bloque del cuarto de baño y la cocina.

The white matt 3x3cm tiles reproduce the table's grid and are the only texture allowed in the whole project. This block is connected with the living/bedroom area through an opening that reveals the tiles used inside the bathroom. The same texture was also used inside the kitchen unit, creating a continuous spatial sequence through the consistency of texture, which appears once opened its horizontal bookdoor. The tiles also disguise the sliding door that leads to the toilet. All containers, such as in the kitchen unit and the closet in the bedroom area, are carefully hidden through the use of white doors.

They took their client's desire of an all-white space quite literally, to the extreme of choosing this colour for the kitchen sink and all the streamlined taps of kitchen, wash hand basin and shower are matt white. All the lighting has been solved through the use of florescent tubes, hidden into the kitchen shelves or displayed like in the bathroom. A line of florescent light suspended on the window frame dividing living and terrace illuminates the indoor and the outdoor space, unifying them.

Los azulejos de 3x3 cm y color blanco mate reproducen la cuadrícula de la mesa y es la única textura permitida en todo el proyecto. Este bloque conecta con la sala de estar/dormitorio por medio de un vano que permite ver los azulejos del interior del baño. Se utilizó la misma textura dentro de la unidad de la cocina, que aparece al abrir la puerta plegable de apertura horizontal, lo cual crea una secuencia espacial continua gracias a su consistencia. Los azulejos también disimulan la puerta corredera del lavabo. Todas las unidades de almacenaje, como las de la cocina y el armario de la zona del dormitorio, se han camuflado cuidadosamente mediante el uso de puertas blancas.

Se tomaron de manera bastante literal el deseo del cliente de tener un espacio totalmente blanco, hasta el punto de escoger este color para el fregadero de la cocina. Toda la grifería moderna de la cocina, el lavabo y la ducha es de color blanco mate. El tema de la iluminación se resolvió con tubos fluorescentes, ocultos en las estanterías de la cocina o expuestos como en el cuarto de baño. Una línea de luz fluorescente suspendida en el marco de la ventana que separa la sala de estar de la terraza ilumina el espacio interior y el exterior y los unifica.

On the outer face of the terrace balustrade, a bright, evergreen, large climber plant covers the wall, defining the threshold of the white space of the project. The apartment is brought to life through the pieces the client chose. French artist Fabrice Hiber, of which our client is curator, is to perform a graphic piece on one of the walls of the living. A Daniel Riera photo is upon the bed head. Two prints by Cuban artist Félix González-Torres (with the writings "Somewhere Better Then This Place" and "Nowhere Better Then This Place") are on the bathroom wall. A Hedi Slimane photo, sandwiched in plexiglass became the music table.
Next to it, a Muji sofa, futon-like, rigorously white. A military camp table that collapse to form a briefcase and two interweaved raffia wooden chairs from the '60 furnish the terrace.

En la fachada de la barandilla de la terraza, una gran enredadera resplandeciente y de hoja perenne cubre la pared, delimitando, así, el umbral del espacio blanco del proyecto.
El apartamento se ha hecho realidad gracias a las piezas que el cliente ha escogido. El artista francés Fabrice Hiber, de quien el cliente es conservador, va a realizar una obra gráfica en una de las paredes de la sala de estar. Sobre el cabecero de la cama, hay una foto de Daniel Riera. En la pared del cuarto de baño, hay dos frases del artista cubano Félix González-Torres que dicen "Somewhere Better Than This Place" (Algún lugar mejor que este) y "Nowhere Better Than This Place" (Ningún lugar mejor que este). Una foto de Hedi Slimane insertada en plexiglás se ha convertido en la mesa para el equipo de música. A su lado, está el sofá de Muji, tipo futón, rigurosamente blanco. Una mesa de estilo campamento militar que se pliega para convertirse en un maletín y dos sillas de madera y rafia entretejida de los años sesenta amueblan la terraza.

UNFOLDING APARTMENT

Michael Chen & Kari Anderson

NEW YORK, NY, UNITED STATES OF AMERICA

PHOTO © ALAN TANSEY
WWW.NORMALPROJECTS.COM

Bigger than furniture; smaller than architecture. A renovation of a 400 square foot studio in Manhattan.

The client is a young single man who entertains frequently, has houseguests, and works occasionally from home. The challenge is to incorporate all of the aspects of a larger space for work and entertaining within a compact studio apartment. Rather than the typical Manhattan approach of dividing a small space into even smaller individual rooms and spaces, a strategy of extreme density and flexibility is employed. A single oversized custom cabinetry piece is inserted along one wall. The cabinet is packed with all of the functional components of a larger apartment including a bed, a nightstand, a closet, a home office, a library, kitchen storage, and most of the lighting for the room. When these elements are packed away, the open space of the apartment is airy and loft-like.

37,1 m²
400 ft²

Más grande que los muebles, más pequeño que la arquitectura; la renovación de un estudio de 37 m2 en Manhattan.

El cliente es un joven soltero que recibe visitas a menudo, tiene huéspedes y trabaja en casa ocasionalmente. El reto es incorporar todos los aspectos de un espacio más grande para trabajar y recibir invitados en un apartamento estudio compacto. En vez de adoptar el típico enfoque de Manhattan de dividir un espacio pequeño en habitaciones y espacios individuales aún más pequeños, se utilizó una estrategia basada en la densidad y flexibilidad extremas. Se ha insertado una única y enorme pieza de ebanistería en una de las paredes. El armario cuenta con todos los elementos funcionales de un apartamento más grande, incluyendo una cama, una mesita de noche, un armario, un escritorio, una estantería para libros, un espacio para guardar los utensilios de cocina y la mayoría de las luces de la habitación. Cuando estos elementos están guardados, el espacio abierto del estudio resulta espacioso y tiene aspecto de loft.

71

The domestic spaces of the apartment can be expanded progressively and adjusted via a reconfigurable series of doors and panels that can slide and pivot open and closed creating all of the individual spaces of the apartment and to transform it for various uses.

Spaces can be calibrated to be private or more porous with via reflective secondary panels that open to reveal perforated lacquered metal screens.

Los espacios domésticos del piso pueden expandirse progresivamente y ajustarse mediante un conjunto reconfigurable de puertas y paneles que pueden deslizarse y quedarse abiertos o cerrados para crear los espacios individuales del apartamento y transformarlo para sus diversos usos. Los espacios pueden calibrarse para ser privados o más abiertos mediante unos paneles secundarios reflectantes que se abren para dejar al descubierto unas pantallas metálicas lacadas perforadas.

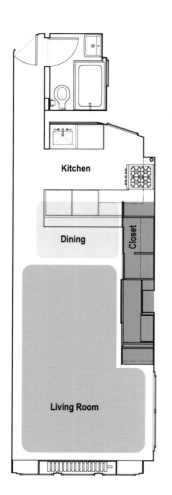

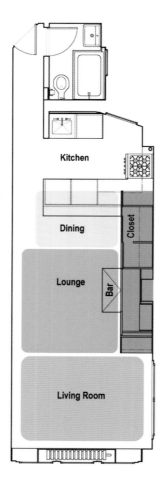

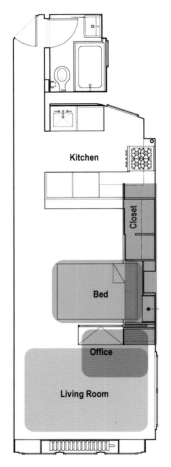

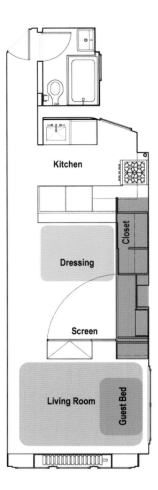

The mass of the blue cabinet is broken by a series of aluminum billets recessed into the surface. The width of the aluminum elements varies according to body positions and heights, creating grips and handles with which to operate the cabinet. They function to subtly choreograph movement across the surface.
Lighting is consolidated within the top of the cabinet, providing an even illumination without any visible fixtures. Kitchen items are collected onto custom stainless steel shelving and concealed by a backlit sliding red resin panel.

El volumen del armario azul se rompe gracias a una serie de tiradores de aluminio incrustados en la superficie. La anchura de los elementos de aluminio varía según las posiciones y alturas del cuerpo, lo que los convierte en elementos útiles para manejar el armario. Sirven para coreografiar sutilmente el movimiento en la superficie.
La iluminación se encuentra en la parte superior del armario y da una luz constante sin necesidad de ninguna instalación fija visible. Los utensilios de cocina se guardan en una estantería de acero inoxidable personalizada y se ocultan mediante un panel corredero retroiluminado de resina roja.

TWIN HOUSE

Nook Architects

BARCELONA, SPAIN

PHOTO © NIEVE | PRODUCTORA AUDIOVISUAL
WWW.NOOKARCHITECTS.COM

From the Gothic historical district of Barcelona, a project of two contiguous apartments arrived at the office of Nook Architects that turned out to be a diamond in the rough. The buildings were in a dreadful state; interventions from different historical times with very low constructive quality were superimposed. Its distribution was the product of a time in which the daily customs coexisted in very compartmentalized spaces, creating small dark rooms without ventilation or lighting.

The initial intervention consisted of undressing covering by removing the layers and layers of false ceilings, pavements and coatings added to the original state. Once the essence of the dwelling was restored, the project was carried out.

38 m² 409,032 ft²

Desde el barrio histórico del Gótico de Barcelona llegó al despacho de Nook Architects un proyecto de dos apartamentos contiguos que resultó ser un diamante en bruto. Las viviendas se hallaban en un estado lamentable; en ellas se superponían intervenciones de diferentes épocas históricas con muy baja calidad constructiva. Su distribución era fruto de un tiempo en el que las costumbres cotidianas convivían en espacios mucho más compartimentados, generando pequeñas estancias oscuras sin ventilación ni iluminación.

La intervención inicial consistió en desnudar la envolvente quitando capas y capas de falsos techos, pavimentos y revestimientos añadidos al estado original. Una vez restaurada la esencia del edificio, se realizó el proyecto.

Ground floor plan before rehabilitation

Planta antes de la rehabilitación

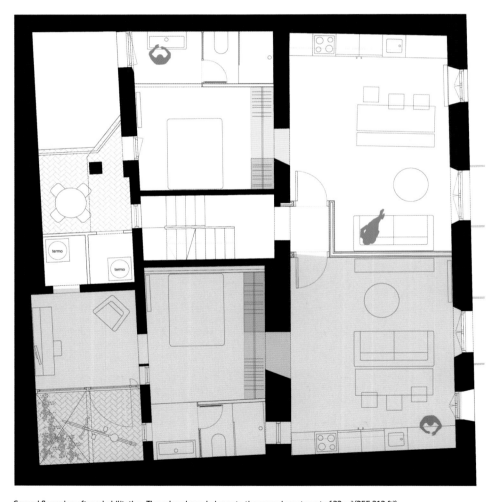

Ground floor plan after rehabilitation. The colored area belongs to the second apartment of 33 m² (355,212 ft²)

Planta después de la rehabilitación. El área coloreada pertenece al segungo apartamento de 33 m²

Twin 1

The two existing apartments shared the stairs landing. A bad location of the access doors provided two difficult typologies to distribute in a balanced and compensated way. The relocation of the doors and assuming the uncovered elements as part of the project, a new space was structured restoring the original style. The ceiling beams were treated to again avoid infestation and were reinforced with metallic profiles to prevent its deformation. The same treatment was applied with the pavements; a layer of concrete compression was added to provide solidity to the set and to unify the levels.

Las dos viviendas existentes compartían rellano de escalera. Una mala ubicación de las puertas de acceso organizaba dos tipologías difíciles de distribuir de manera equilibrada y compensada. Reubicando las puertas y asumiendo los elementos descubiertos como parte del proyecto, se estructuró un nuevo espacio recuperando el espíritu original. Se trataron las vigas del techo para evitar de nuevo la contaminación de plagas y se reforzaron con perfiles metálicos para evitar su deformación. Lo mismo ocurrió con los pavimentos; se añadió una capa de compresión de hormigón para dar solidez al conjunto y para unificar niveles.

Twin 2

Twin 1

In this repaired set, divided by a heavy load wall, two areas were formed: the day area turned toward the exterior facade and the hustle and bustle of the district, and the night area toward the rear part, a calmer serene atmosphere.

The basic elements for the functions and comfort of everyday life were provided; the kitchen and the bathroom, organized in a subtle and respectful way with the space. The kitchen was treated as another piece of furniture of the room, horizontal, with a refrigerator and freezer below to avoid the appearance of a vertical column, and cabinets above, white to integrate and camouflage them with the covering.

A wooden piece on the pavement of the path to the bedrooms, besides marking the threshold between the two areas, this transition element becomes a small night table or bench. Over this wood piece a line of illumination was also added, which at the same time is a closet and support for a possible curtain.

En este conjunto saneado, dividido por una gruesa pared de carga, se configuraron dos zonas: la zona de día volcada a la fachada exterior y al bullicio del barrio, y la zona de noche hacia la parte posterior, mucho más tranquila.

Los elementos básicos se dispusieron para las funciones y el confort de la vida actual; la cocina y el baño, de una manera sutil y respetuosa con el espacio. Se trató la cocina como un mueble más del salón, horizontal, con nevera y frigorífico bajos para evitar la aparición de una columna vertical, y los muebles superiores blancos para integrarlos y camuflarlos con la envolvente.

Una pieza de madera embebida en el pavimento del paso a las habitaciones, además de marcar el umbral entre las dos zonas, este elemento de transición se convierte en mesita de noche o banco. Sobre esta pieza de madera se añadió también una línea de iluminación, que a la vez es ropero y soporte para una posible cortina.

Twin 1 section

Sección de Twin 1

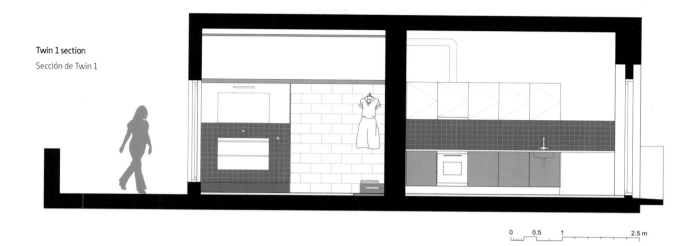

```
0      0.5      1                    2.5 m
```

Twin 1 section. Wet area

Sección de Twin 1. Zona húmeda

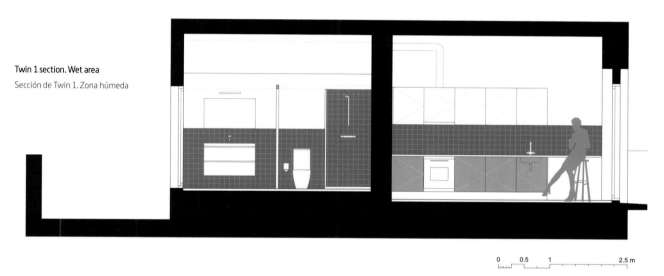

```
0      0.5      1                    2.5 m
```

Section. Twin 2 at left

Sección. En la izquierda Twin 2

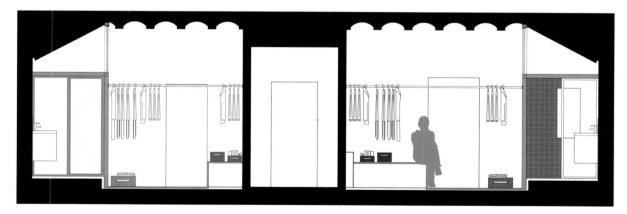

Twin 1

The bathroom was incorporated into the bedroom, separating the space by a step. The shower and the toilet were compartmentalized by means of a slight and translucent separation.
The two humid pieces are contiguous and supported on the party wall of both houses as a humid band. The tile highlights this idea of a band and, by using a tone of green, we revitalized the repaired covering.

El baño se incorporó al dormitorio, jerarquizando el espacio mediante un escalón. Únicamente se compartimentó la ducha y el inodoro mediante una separación ligera y traslúcida.
Las dos piezas húmedas son contiguas y se apoyan en las medianeras de ambas viviendas a modo de tira húmeda. El azulejo potencia esta idea de franja y, mediante un tono de color verde, revitalizamos la envolvente recuperada.

Twin 2

On a renovation with a very tight budget, the goal has been to list ideas that the user will finish customizing. A studied configuration of multipurpose and proportioned spaces multiplies the possibilities of two adjusted sized houses but with an enormous potential.

En una reforma de tan ajustado presupuesto, el objetivo ha sido apuntar ideas que acabará de personalizar el usuario. Una estudiada configuración de espacios polivalentes y proporcionados multiplica las posibilidades de dos viviendas de ajustado tamaño pero enorme potencial.

Twin 1

REFUGIO EN EL RAVAL

Eva Cotman

BARCELONA, SPAIN

PHOTO © EVA COTMAN, MARIA CEBALLOS
WWW.EVACOTMAN.COM

The goal of this project is to renovate and improve an apartment located in Raval, the Ciutat Vella district in Barcelona. A district that used to be known for its nightlife and insecurity, the Raval has changed significantly in recent years and has become one of attractive tourist districts from the city center. Nowadays it is home of many bars, restaurants, museums and art galleries, which have made it become a very popular district among young professionals and students. The clients are a young couple with a very active social life, who completely enjoy cultural activities that this district offers. For that reason they needed an open space to share with their friends and a closed space solely for them.

38m²
409,032 ft²

Este proyecto tiene por objetivo renovar y mejorar un apartamento situado en Raval, el barrio de Ciutat Vella en Barcelona. Un barrio que solía ser conocido por su vida nocturna y la inseguridad, el Raval ha cambiado significativamente en los últimos años y se ha convertido en uno de los atractivos turísticos del centro de la ciudad. Hoy en día es hogar de muchos bares, restaurantes, museos y galería de arte, lo que lo ha hecho que sea un barrio muy popular entre los jóvenes profesionales y estudiantes. Los clientes son una pareja joven con una vida social muy activa, que disfrutan plenamente de todas las actividades culturales que este barrio ofrece. Por esa razón necesitaban un espacio abierto para compartir con sus amigos, y un espacio cerrado únicamente para ellos.

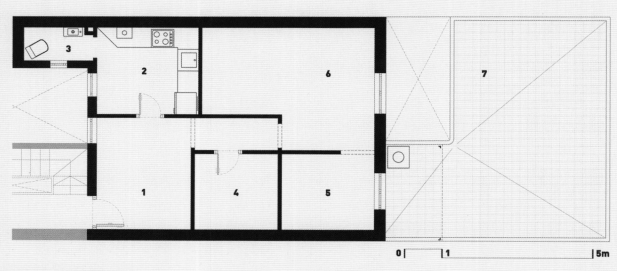

Ground floor plan before rehabilitation

Planta antes de la rehabilitación

1. Entrance
2. Kitchen
3. Bathroom
4. Bedroom
5. Dining room
6. Living room
7. Courtyard

1. Vestíbulo
2. Cocina
3. Baño
4. Dormitorio
5. Comedor
6. Estar
7. Patio

0 | 1 | 5m

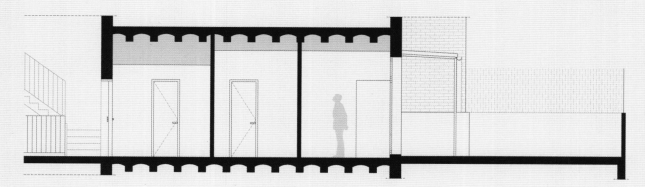

Section before rehabilitation

Sección antes de la rehabilitación

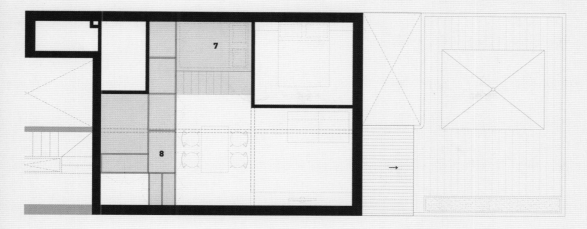

Gallery after rehabilitation

Altillo después de la rehabilitación

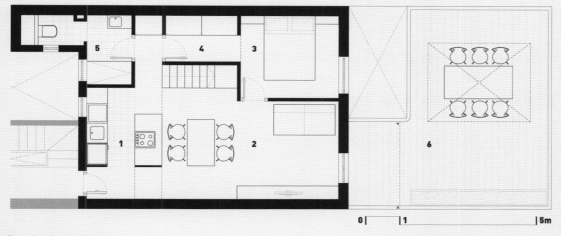

Floor plan after rehabilitation

Planta después de la rehabilitación

1. Kitchen
2. Dining and living room
3. Bedroom
4. Wardrobe
5. Bathroom
6. Patio
7. Gallery with the guests bed
8. Built-in storage

1. Cocina
2. Comedor - Estar
3. Dormitorio
4. Vestidor
5. Baño
6. Patio
7. Altillo – cama para los invitados
8. Armarios empotrados

0 | 1 | 5m

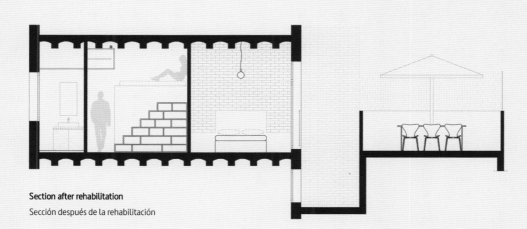

Section after rehabilitation

Sección después de la rehabilitación

Before the rehabilitation, the floor was a set of spaces that accommodated the diverse uses that have accumulated elements and layers on their walls and ceilings throughout the years which created a dysfunctional environment. Although the apartment did not have an exceptional patrimonial value, its history is attractive, especially in the sense of constructive materials.

The apartment places value on the original materials of the property, such as the ceiling of ceramic wood beams with ceramic mixture and brick walls, that have been painted white in order to become a neutral base, as a linen cloth that the owners will be filling with color and life.

Antes de la rehabilitación, el piso era un conjunto de espacios que alojaban usos diversos que habían acumulado elementos y capas sobre sus paredes y techos a lo largo de los años creando un ambiente poco funcional. Aunque el apartamento no tenia un valor patrimonial excepcional, su historia es atractiva, especialmente en el sentido de materiales constructivos.

El apartamento pone en valor los materiales originales de la finca, tal como el techo de vigas de madera con revoltón cerámico y paredes de ladrillo, que se han pintado de color blanco para ser una base neutra, como un lienzo que los propietarios irán llenando de color y vida.

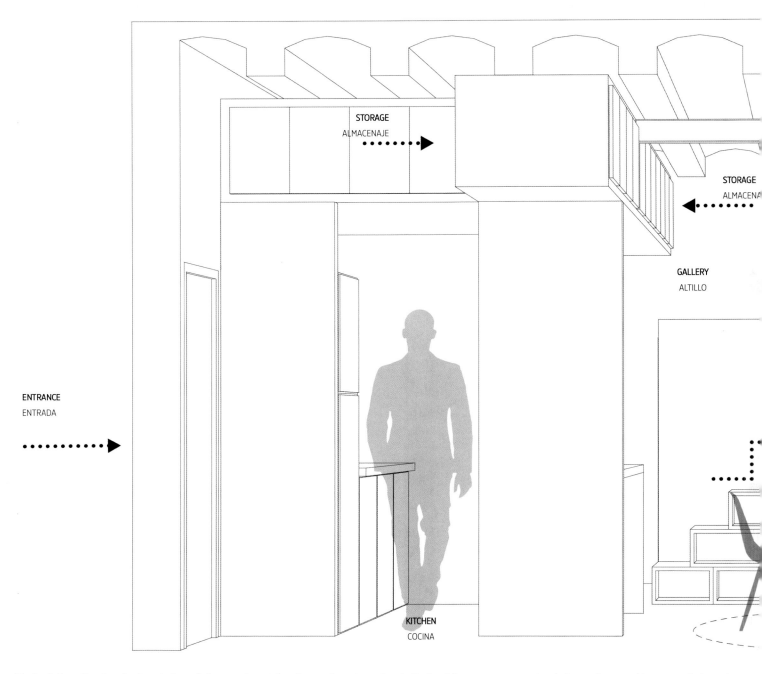

STORAGE
ALMACENAJE

STORAGE
ALMACENA[...]

GALLERY
ALTILLO

ENTRANCE
ENTRADA

KITCHEN
COCINA

Most of the attention in the design of the apartment has been given to maximize the day living space (living room + dining room +kitchen) by creating a visual inter-relationship between the different parts of the house, and at the same time keeping privacy in the remaining spaces of the apartment.

Since it is a small floor of barely 38m2, furniture elements that provide multi-functionality have been used. The center of the house is around the bookcase that separates the dining room from the dressing room and at the same time joins the kitchen, dining room and living room.

En el diseño del apartamento se ha dado mucha atención en maximizar el espacio de día (sala+comedor+cocina) creando una interre-lación visual entre las diferentes partes de casa, y a la vez manteniendo intimidad del resto de los espacios del apartamento.

Tratándose de un piso pequeño de apenas 38 m², se han utilizado elementos de mobiliario que pueden ofrecer multifuncionalidad. El corazón de la casa esta alrededor de la biblioteca que separa el comedor del vestidor y al mismo tiempo une la cocina, comedor y la sala de estar.

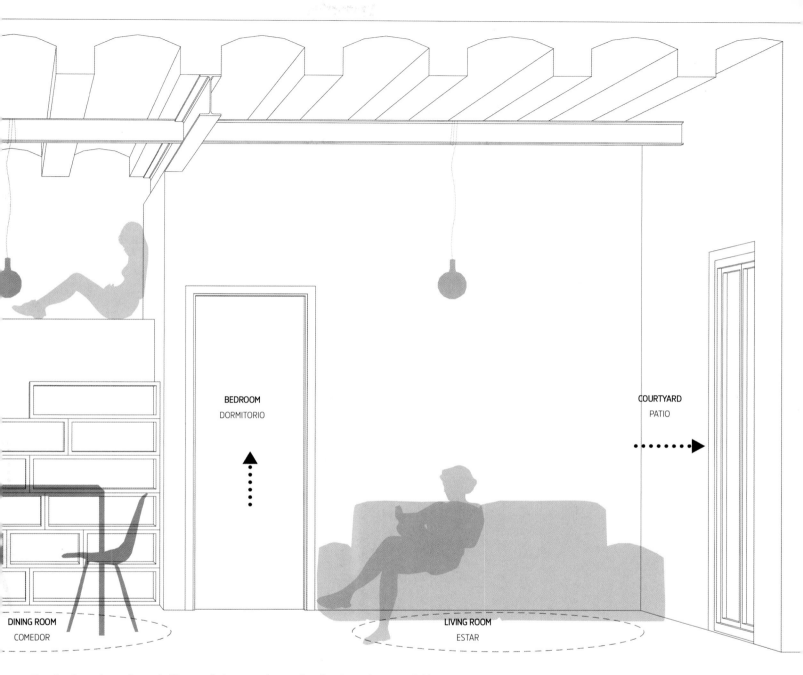

DINING ROOM
COMEDOR

BEDROOM
DORMITORIO

LIVING ROOM
ESTAR

COURTYARD
PATIO

That bookcase is used as a ladder to climb up to the small attic where the guestroom is located, and also serves as access to the closets embedded in the false ceiling located over the kitchen space.

The complete utilization of space and a circular communication inside the floor has been achieved with a single element in that concept. It is a compact apartment with multifunctional elements to provide flexibility and adaptability to the different uses, a "mini-space" with a "maxi-functionality."

Esa biblioteca se usa como escalera para subir al pequeño altillo donde se ubica la cama de invitados, y también sirve para acceder a los armarios empotrados en el falso techo situados encima del espacio de la cocina.

De esa forma con un único elemento se ha conseguido una comunicación circular dentro del piso y aprovechado al máximo el espacio. Es un apartamento compacto con elementos multifuncionales para proporcionar flexibilidad y adaptabilidad a los diferentes usos, un "mini-espacio" con una "maxi-funcionalidad".

AWKWARD APARTMENT

Specht Harpman

New York, NY, United States of America

Photo © Specht Harpman
www.spechtharpman.com

This project involved the radical transformation of a tiny, awkward apartment at the top of a six-story building. With only 425 square feet of floor area, but a ceiling height of over 24 feet, the new design exploits the inherent sectional possibilities, and creates a flowing interior landscape that dissolves the notion of distinct "rooms."

The architectural strategy creates four "living platforms" that accommodate everything necessary, while still allowing the apartment to feel open and bright. The spaces are interleaved, with a cantilevered bed that hovers out over the main living space, an ultra-compact bath tucked beneath the stair, and a roof garden with glazing that allows light to cascade through the space.

39,4 m²
425 ft²

Este proyecto consistió en transformar radicalmente un apartamento pequeño y poco práctico ubicado en la planta superior de un edificio de seis pisos. Con casi 40 m² de superficie total pero con una altura de un poco más de 7 metros, el nuevo diseño aprovecha las posibilidades seccionales inherentes y crea un interior fluido que rompe con la idea de «habitaciones» distintas.

La estrategia arquitectónica da lugar a cuatro «plataformas vivas» que dan cabida a todo lo necesario y permiten que el apartamento tenga un aspecto abierto e iluminado. Los espacios están intercalados y cuentan con una cama en voladizo que sobrevuela el área habitable, un baño ultracompacto insertado bajo la escalera y un jardín acristalado en la azotea que permite que la luz caiga en cascada por todo el espacio.

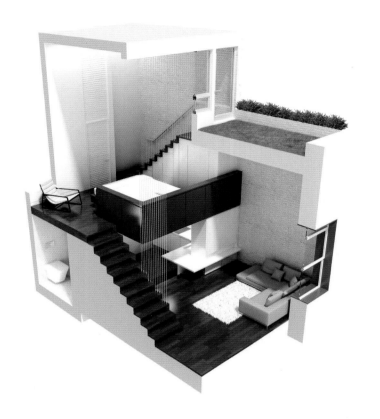

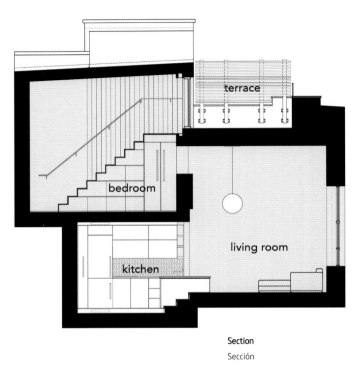

terrace

bedroom

kitchen

living room

Section
Sección

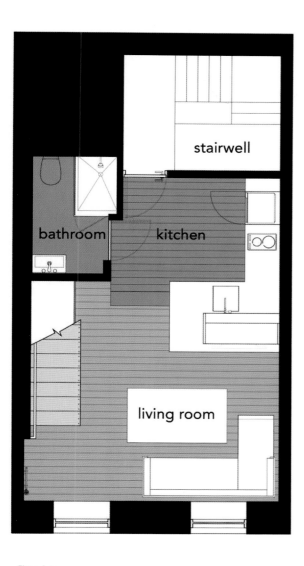

stairwell

bathroom kitchen

living room

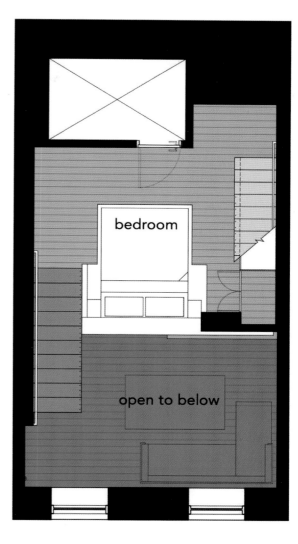

bedroom

open to below

Floor plans

Plantas

Every inch is put to use, with stairs featuring built-in storage units below, similar to Japanese kaidan dansu. The apartment is crafted like a piece of furniture, with hidden and transforming spaces for things and people.

Se ha aprovechado cada centímetro gracias a las escaleras que cuentan con unidades empotradas de almacenaje que recuerdan al kaidan-dansu japonés. El apartamento ha sido elaborado como si se tratara de un mueble, con espacios ocultos que se transforman para las cosas y las personas.

ROC3

Nook Architects

Barcelona, Spain

Photo © Nieve | Productora Audiovisual
www.nookarchitects.com

40m² 430,56 ft²

With ROC3 the architects reached the end of a cycle, the renovation of three, very similar, but different apartments on a single building in Barcelona's gothic quarter.

They were recently advised that in times of economic crisis, as architects, they had to look for a formula to obtain products with scalability to optimize their resources. They understood that a product with scalability was the repetition of valid solutions from one project to the other, a difficult approach within the refurbishment industry. In the midst of that search for a common denominator the opportunity to rehabilitate this apartment arrived- another diamond in the rough on the very same building where they had done two previous interventions: Casa Roc and Twin House.

Con ROC3 se afronta el cierre de un ciclo, la renovación de tres apartamentos iguales pero diferentes en un mismo edificio del barrio Gótico de Barcelona. Hace un tiempo sugirieron al equipo de arquitectos que, en tiempos de crisis, debían de buscar una fórmula de "producto escalable" para optimizar sus recursos. Se entendió el "producto escalable" como la repetición de soluciones válidas de un proyecto a otro, un planteamiento difícil de aplicar en proyectos de rehabilitación. En plena búsqueda de ese denominador común les llegó este apartamento, otro diamante en bruto en el mismo edificio en que habían llevado a cabo dos intervenciones anteriores; Casa Roc y Twin House.

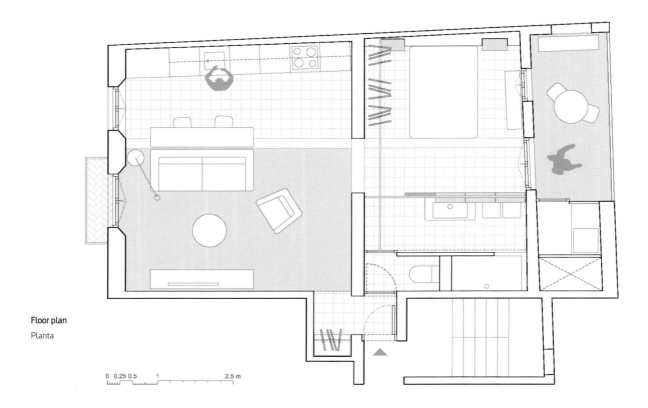

Floor plan

Planta

0 0.25 0.5   1   2.5 m

They approached the project thinking that they could apply the same parameters as in Twin House due to the fact that it was a very similar apartment in terms of dimensions, orientation and pre-set requirements. This meant placing the daytime space towards the street, the bedroom towards the interior courtyard, and placing the kitchen and bathroom against the median wall in the form of a humid strip. What seemed obvious, however, was not possible due to the fact that the sanitary drainpipe changed its position on this apartment from the one in Twin House, so they had to look for a new solution for placing the bathroom. They thought it correct to once again incorporate the washbasin in the bedroom to make a better use of natural light and to enlarge the sensation of open space. This time they separated it from the rest of the room with a low wall and suspended iron cubes that allow storage from both sides. These same cubes were also used to create night tables and extra storage space for recipe books and utensils in the kitchen.

Se afrontó el proyecto pensando que se podría volver a aplicar los mismos parámetros de Twin House, ya que el apartamento se parecía en cuanto a dimensión, orientación y condicionantes de partida. Esto significaba ubicar el espacio de día volcado a calle, el dormitorio al interior de manzana y cocina y baño sobre la pared medianera a modo de tira húmeda. Sin embargo, ya en la primera visita al apartamento se dieron cuenta de que repetir exactamente aquella solución era inviable; el bajante general cambiaba de posición y el resto de instalaciones de saneamiento no estaban en el mismo sitio que en el anterior. Así que se quedaron con lo esencial, zona día versus zona noche, buscando una nueva solución para el baño.

Se quiso volver a incorporar la pieza del lavamanos en el dormitorio para aprovechar la luz y agrandar la sensación de espacio abierto. Fue separada del resto de la habitación mediante un murete bajo y unos cubos de hierro suspendidos que permiten guardar accesorios por ambos lados. Con los mismos cubos rse resolvieron las mesitas de noche y un estante en la cocina para guardar utensilios y libros de recetas.

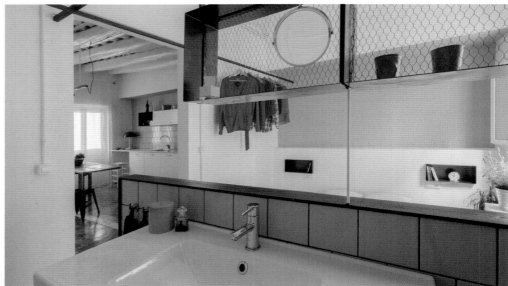

The shower and water closet have independent entries, but can be closed using a single sliding door, a solution first use on Casa Roc. The water closet can also be accessed from the main entry through a second door, which gives the option of guests using this space without having to enter the bedroom. This way, boundaries were set between one space and the other without creating a visual barrier. The building's structure and closings are very irregular, so they introduced lineal elements that counterpoint these irregularities and set order within the space. Amongst these elements are a close hanger that integrates lighting (borrowed from Twin House) and connects itself with the support of the suspended cubes and the sliding door's guide. Wood was used to set limits on the pavement which regulates the traces of the previously existing partition walls. This was also synthetized on the living room lamp.

ROC3 was about applying new ideas to new challenges, but maintaining the spirit behind Casa Roc and Twin House in which we searched for the original spirit of the building and subtly intervened to achieve today's levels of comfort while harmonizing with the building's history.

La pieza de la ducha y del wc tienen entradas independientes pero se cierran mediante una sola puerta corredera. En el espacio del wc colocamos una segunda puerta para poder entrar desde el recibidor y evitar así que los invitados entren a través del dormitorio. Frente a las irregularidades de la envolvente original, se establecieron unos elementos lineales como contrapunto. Diseñaron un perchero para la habitación, que a su vez es iluminación y conecta con el soporte de los cubos del baño y con la guía de la puerta. Se resolvió con listones de madera los límites y cambios de pavimento, que a su vez regularizan las trazas de la antigua tabiquería, todo ello sintetizado en la lámpara del salón.

Se aplicaron nuevas ideas adaptadas a los condicionantes de partida, pero manteniendo respecto a Casa Roc y Twin House la recuperación del espíritu original del edificio. La intervención resultó sutil en el espacio resultante, alcanzando el nivel de confort demandado hoy en día y buscando a la vez la armonía con la historia del edificio.

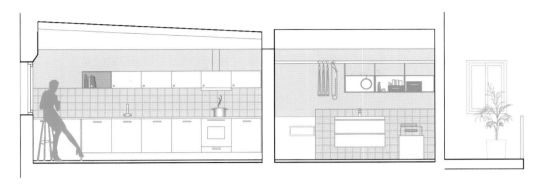

Sections

Secciones

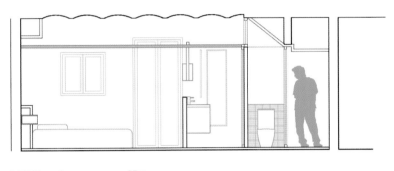

0 0.25 0.5   1   2.5 m

360 DEGREE FLAT

Sfaro Architects

TEL-AVIV, ISRAEL

PHOTO © BOAZ LAVI & JONATHAN BLUM
WWW.SFARO.CO.IL

Following Tel-Aviv's soaring housing prices over the last 3 years, many people were forced to renovate their existing apartments instead of selling and buying bigger ones.This owner decided to transform her studio apartment into a 1 bedroom, including storage units, a large separate kitchen and a full size queen bedroom. As a design solution, we chose to condense all the programmatic functions and storage units into a cube which was centered in the middle of the space, thus dividing the apartments into 4 zones, while maintaining a 360 degree circulation around it, which makes the space seem endless and bigger than it actually is.By adding sliding doors that disappear into the cube, the space can be altered according to the time of day and the various needs of the owner, contributing further more to the sense of a multi-functional and multi-layered space.

40 m^2
430,56 ft^2

A causa de los desorbitados precios de las viviendas de Tel Aviv de los últimos tres años, mucha gente se ha visto obligada a renovar sus apartamentos en vez de venderlos y comprarse unos más grandes. Esta propietaria decidió transformar su estudio en una sola habitación que incluyera unidades de almacenaje, una gran cocina independiente y un completo dormitorio con una cama doble. Como solución para el diseño, se decidió condensar todas las funciones programáticas y las unidades de almacenaje en un cubo situado en el centro de la vivienda, el cual divide el apartamento en cuatro zonas, a la vez que conserva una circulación de 360 grados alrededor de él, lo que hace que el espacio parezca infinito y más grande de lo que es en realidad. Al añadir puertas correderas que desaparecen dentro del cubo, el espacio puede transformarse según el momento del día y las distintas necesidades de la propietaria, lo cual contribuye aún más a la sensación de estar en un lugar multifuncional y multidimensional.

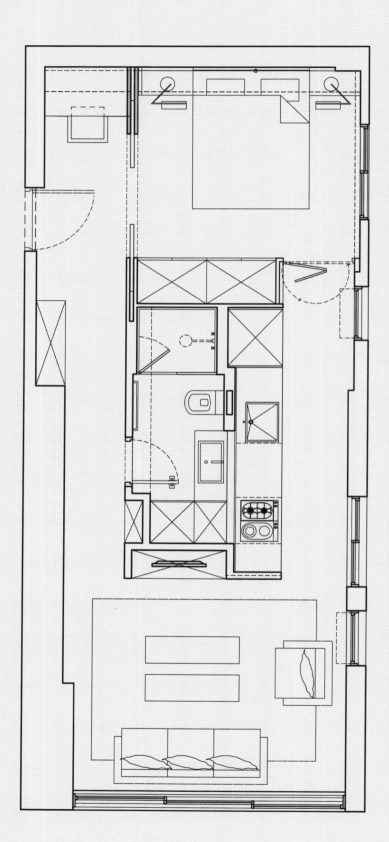

Floor plan

Planta

The system of independent sliding panels keeps the bedroom isolated on both sides of the central humid island, or in communication with the rest of the apartment to create a flow of ventilation.

El sistema de paneles correderos independientes mantiene el dormitorio aislado en ambos lados de la isla húmeda central, o bien en comunicación con el resto del apartamento para generar flujo de ventilación.

In the living room area of the apartment, the central block acts as bookcase and boxed furniture, with a deep space for installing a television set.

En la zona de estar del apartamento, el bloque central actúa de librería y cajonera, con un espacio profundo para la instalación de un televisor.

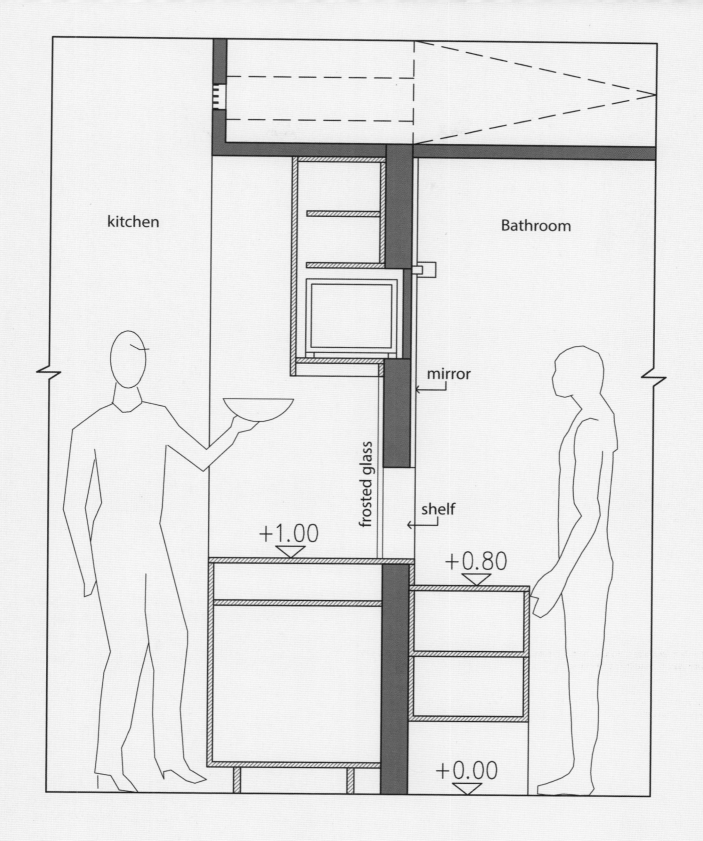

kitchen

Bathroom

mirror

frosted glass

shelf

+1.00

+0.80

+0.00

TINY
APARTMENTS
for singles